IL LIBRO DEL MIO PAPA'

"Cammina accanto a me Papà: TIENIMI PER MANO, insegnami a difendermi dai pericoli, A FARE DEL MIO MEGLIO a casa e a scuola; a divertirmi quando gioco. STAMMI VICINO, abbiamo tanta strada da fare insieme"

DEDICATO A PAPA'

____

CON TANTO AMORE DA

____

ECCO UN TUO RITRATTO

CON QUESTO LIBRO
VOGLIO DIRTI
QUANTO TI VOGLIO BENE

I TUOI PREGI

"Mio padre non mi ha detto come vivere;

ha vissuto e mi ha fatto osservare come lo

faceva."

I TUOI DIFETTI

SOMIGLIO A TE

"È noto che il sorriso di un padre illumina l'intera giornata di un bambino."

MI FAI RIDERE QUANDO

LE COSE CHE VORREI FARE CON TE

____

____

____

____

____

____

"Un padre è meglio di cento insegnanti."

DA TE HO IMPARATO A

MI PIACE QUANDO

"Tutti i miei amici hanno paura di diventare come loro padre. Io ho paura di non diventarlo."

VORREI ESSERE COME TE

IL NOSTRO SEGRETO

"Un padre tiene la mano di suo figlio per

un breve periodo, ma tiene il suo cuore

per sempre."

TU PER ME SEI

"Papà: il primo eroe di un figlio, il primo amore di una figlia."

ORA TOCCA A TE SCRIVERE

RACCONTAMI DI TE...

COSA HAI PROVATO QUANDO HAI SCOPERTO CHE SARESTI DIVENTATO IL MIO PAPA'?

COSA RICORDI DEL GIORNO IN CUI SONO NATO/A?

RICORDI LA PRIMA VOLTA CHE TI HO CHIAMATO PAPA'?

____

____

____

____

____

____

IN COSA TI SOMIGLIO?

COSA TI PIACE DI ME?

"Un bambino sulle spalle di suo padre:

nessuna piramide o colonna

dell'antichità è più alta"

9 798721 861727